AF603286

Éditions Prise de parole
205-109, rue Elm
Sudbury (Ontario)
Canada P3C 1T4
www.prisedeparole.ca

Nous remercions le gouvernement du Canada, le Conseil des arts du Canada, le Conseil des arts de l'Ontario et la Ville du Grand Sudbury de leur appui financier.

# Le lac aux deux falaises

## Du même auteur

«Cocktail», dans le collectif *Y paraît,* sous la direction de Jocelyn Lebeau, théâtre, Montréal, Possibles Éditions, 2015.
*Les anodins*, poésie, Moncton, Éditions Perce-Neige, 2014.
*La promenade des ignorés*, poésie, Éditions Perce-Neige, 2011.

*Cinquante exemplaires de cet ouvrage*
*ont été numérotés et signés par l'auteur.*

Gabriel Robichaud

# Le lac aux deux falaises

Théâtre

Éditions Prise de parole
Sudbury 2016

Œuvre en première de couverture : Herménégilde Chiasson, *La fille du lac*, 2016.
Conception de la première de couverture : Olivier Lasser



Diffusion au Canada : Dimedia

**Catalogage avant publication de Bibliothèque et Archives Canada**
Robichaud, Gabriel, 1990-, auteur
Le lac aux deux falaises / Gabriel Robichaud.
Pièce de théâtre.
Publié en formats imprimé(s) et électronique(s).
ISBN 978-2-89423-963-6. – ISBN 978-2-89423-964-3 (pdf). – ISBN 978-2-89744-965-0 (epub)
I. Titre.
PS8635.O2314.L33 2016 jC842'.6 C2016-900723-5
C2016-900724-3

ISBN 978-2-89423-963-6 (Papier)
ISBN 978-2-89423-964-3 (PDF)
ISBN 978-2-89423-965-0 (ePub)

*Merci Lisa L'Heureux*
*Pour ton grand-père*

*Merci Eric Butler, Jeanne Gionet-Lavigne, Matthieu Girard,*
*Sylvain Hêtu, Mickael Lamoureux, Jacques Laroche,*
*Marc-André Robichaud, Joannie Thomas*
*Pour vos voix*

Ce texte a été élaboré (entre autres) dans un atelier de développement dramaturgique donné par Louis-Dominique Lavigne au théâtre l'Escaouette (Moncton) en août-septembre 2014.

Ce texte a bénéficié d'une bourse du Secrétariat aux affaires intergouvernementales canadiennes du Québec, qui a permis une tournée de développement dans les écoles secondaires du Nouveau-Brunswick et de l'Île-du-Prince-Édouard en février 2015.

Une version précédente du texte a été lue au Festival à haute voix de Moncton, organisé par le théâtre l'Escaouette en avril 2015 ainsi qu'aux Zones théâtrales à Ottawa en septembre 2015.

*Le lac aux deux falaises*, une coproduction du théâtre l'Escaouette (Moncton) et du Théâtre de Quartier (Montréal), a été créée le 29 mars 2016 au Théâtre l'Escaouette, rue Botsford à Moncton.

**Équipe de création**

| | |
|---|---|
| Texte | Gabriel Robichaud |
| Mise en scène | Louis-Dominique Lavigne |
| Assistance à la mise en scène et régie | Ghislain Basque |
| Lumières | Marc Paulin |
| Environnement sonore | Jean-François Mallet |
| Scénographie, costumes, accessoires | Joëlle Péloquin |
| Direction de production | Marie-Ève A. Cormier |

**Distribution**

| | |
|---|---|
| Pépére | Eric Butler |
| La fille du lac | Jeanne Gionet-Lavigne |
| Ti-Gars | Marc-André Robichaud |

## I- Marche

Pépére
Ti-Gars

Ti-Gars
T'sais quand t'es pas ben
T'sais quand t'es vraiment pas ben
T'sais quand tu sais pu quoi faire
Quand ça fait trop longtemps
Quand t'es écœuré que ça dure
Quand ça dure quand même
Quand tu peux pu entendre *faut te donner du temps*
Quand ça s'éternise
Quand le monde essaye d'être gentil
Quand ça marche pas
Quand t'es pu capable d'endurer
Quand ça te déchire l'intérieur
Quand ça arrête pas
Quand t'es tellement écœuré que c'est rendu que t'aimes ça

Quand t'es rendu que t'aimes ça juste pour que ça fasse moins mal
Juste pour un boute
Quand t'as envie d'arracher la tête de chaque personne que tu vois pour mettre ta tête sur leurs épaules pis donner un *break* à ton dos qui est pu capable d'en prendre
Quand tu dis ça va bien parce que ça fait du bien d'y croire un peu

Ben ça

PÉPÉRE
Ti-Gars
Ti Gars ousse tu vas

TI-GARS
Prendre une marche

PÉPÉRE
Où ça

TI-GARS
Là-bas

PÉPÉRE
Tu reviens quand

Ça va-tu

TI-GARS
Ça va bien

J'ai juste besoin d'être tout seul

La fille du lac
Non

Ti-Gars
Quoi

La fille du lac
Non
Je t'aurais pas reconnu

Ti-Gars
Viens-tu juste de sauter d'un arbre

La fille du lac
Oui

C'est malade t'as vraiment changé

Ti-Gars
Yo pourquoi t'étais dans un arbre

La fille du lac
Je t'observais

Ti-Gars
Quoi

La fille du lac
Je voulais m'assurer que c'était toi avant de te parler

Ti-Gars
On se connaît-tu

La fille du lac
Pas vraiment

Ti-Gars
Pas vraiment

La fille du lac
Ça fait longtemps qu'on s'est vus
Au début j'étais pas sûre que c'était toi
Mais là à te regarder je suis sûre que t'es qui je pense que t'es

T'as vieilli

Ti-Gars
Ouan

La fille du lac
Fais-toi-z-en pas ça te va bien

Ti-Gars
OK

En tout cas moi j'me souviens pas de toi

La fille du lac
Ah

Ti-Gars
Ouan c'est comme si je t'avais jamais vue pis que j'te voyais pour la première fois

La fille du lac
C'est pas grave

Moi j'me souviens

Pourquoi t'es revenu

TI-GARS
S'cuse-moi mais ça se peut-tu qu'on se connaisse pas pis que j'aie pas envie de te parler

LA FILLE DU LAC
Oui
Oui oui ça se peut

TI-GARS
Fait que ça te tente-tu de jouer à ferme ta yeule laisse-moi tranquille j'prends une marche j'veux pas parler à personne t'es vraiment *weird* sacre-moi la paix

LA FILLE DU LAC
Non

TI-GARS
Comment ça non

LA FILLE DU LAC
Parce que ça me tente pas

TI-GARS
Qu'est-ce tu comprends pas dans j'sais pas t'es qui j'veux rien savoir sacre-moi patience

LA FILLE DU LAC
Oh j'comprends tout ça
Ça me tente juste pas

Ti-Gars
Euh c'est quoi t'es complètement conne ou

La fille du lac
Attends bouge pas

Ti-Gars
Quoi

La fille du lac
Bouge pas
Y a quelque chose proche de ton oreille

Ti-Gars
Ben voyons qu'est-ce qu'y a

La fille du lac
Ma bouche qui te chuchote quelque chose

Ti-Gars
Hein

La fille du lac
J'ai quelque chose à te dire

Ti-Gars
Ben voyons

La fille du lac
Fait longtemps que j'ai quelque chose à te dire
Pis j'suis pu capable de le retenir

Ti-Gars
J'te connais pas comment tu peux avoir quelque chose à me dire

La fille du lac
Arrête de parler laisse-moi faire

Ti-Gars
T'es vraiment *rushante*

La fille du lac
Faut qu'j'te sauve la vie

Ti-Gars
Quoi

La fille du lac
Faut qu'j'te sauve la vie
C'est pour ça que j'suis là
Fait que tu peux ne pas vouloir me parler
Ça m'empêchera pas de rester autour pour te sauver la vie

Ti-Gars
De quoi tu parles

La fille du lac
Un jour j'te sauverai la vie
Tu le sais juste pas encore

Ti-Gars
Quand ça

La fille du lac
Je sais pas
À un moment donné

Ti-Gars
Comment

La fille du lac
Ça non plus je le sais pas
Je sais juste que ça va arriver pis que quand ça arrivera faudra que je sois là

Ti-Gars
Pis pourquoi ma vie a besoin d'être sauvée

La fille du lac
Je le sais pas
Je sais juste que t'as besoin de quelqu'un pour sauver ta vie
Pis cette personne-là c'est moi

Enchantée

Ti-Gars
C'est quoi ton nom

La fille du lac
Tu m'appellerais comment toi

Ti-Gars
Je sais pas moi
On est au lac aux deux falaises
Fait que
La fille du lac

LA FILLE DU LAC
La fille du lac

TI-GARS
Ouan

LA FILLE DU LAC
La fille du lac
J'aime ça
C'est pas ben ben original
Mais j'aime ça
C'est beau

OK

Appelle-moi comme ça
La fille du lac

TI-GARS
Non mais c'est quoi ton vrai nom

LA FILLE DU LAC
La fille du lac

C'est vraiment d'la marde hein

TI-GARS
Quoi ça ton nom

LA FILLE DU LAC
Non
Pas ça
Vivre icitte
Nouvelle maison

Nouvelle vie
Dans un village entouré d'arbres sans voisins proches
Ça doit pas être drôle te ramasser dans le milieu de nulle part
À côté du lac aux deux falaises

Ti-Gars
Ouan
C'est vraiment d'la marde

La fille du lac
Inquiète-toi pas
J'vais t'arranger ça
*On entend un coup de carabine.*
C'est quoi ça

Ti-Gars
C'est mon grand-père
Faut que j'y aille

La fille du lac
Pourquoi

Ti-Gars
Quand y a un coup de fusil dans les airs
C'est mon grand-père qui m'appelle

La fille du lac
Quoi

Ti-Gars
Quand Pépére veut que je revienne à la maison

Pourquoi tu ris

La fille du lac
Tu l'appelles Pépére

Ti-Gars
Ouan pis

La fille du lac
Je sais pas moi j'appellerais pas mon grand-père de même

Ti-Gars
C'est lui qui veut

La fille du lac
Pis c'est quoi ton Pépére y tire dans les airs pour que tu reviennes à la maison

Ti-Gars
Pas tout à fait
Quand Pépére s'ennuie de moi
Y sort de la maison
Pis y chuchote
Y crie pas
Y chuchote

Pépére
Ti-Gars

Ti-Gars t'es-tu proche

Ti-Gars
Si j'réponds pas y va dans sa chambre prendre sa carabine

La fille du lac
Attends ton grand-père dort avec une carabine dans sa chambre

Ti-Gars
Oui

La fille du lac
Comment ça

Pépére
Je sais pas j'ai toujours fait ça
Y en a qui ont un toutou moi j'ai une carabine
Ça me calme

Ti-Gars
En tout cas c'est ça qu'y dit

La fille du lac
C'est pas un peu *weird*

Ti-Gars
Aussi *weird* qu'une fille que tu connais pas qui doit te sauver la vie

La fille du lac
Fait qu'y sort pis y tire sa carabine pour que tu reviennes

Ti-Gars
C'est ça

La fille du lac
Y pourrait pas juste crier ton nom

Pépère
Non

Je crie pas je crierai pas non plus

Parce que quand j'crie c'est terrible
Faut pas que j'crie
Si j'crie j'pourrais mourir
Pis j'peux pas mourir encore Ti-Gars
Parce que t'es là

*On entend un autre coup de carabine.*

Ti-Gars
Faut vraiment que j'y aille

La fille du lac
J'suis soit zombie vampire fantôme ou loup-garou

Ti-Gars
T'es quoi

La fille du lac
Tu dois te d'mander c'que je suis
Fait que j'te donne des choix de réponse pour pas que tu m'oublies

Ti-Gars
T'es *weird*

La fille du lac
De toute façon tu m'écoutes même pu t'es rendu chez ton grand-père

Pépére
S'cuse-moi Ti-Gars
Faisait un boute que t'étais parti
J'm'ennuyais

Ti-Gars
C'est OK

Pépére
Ah pis t'iras faire ton lit
T'as oublié à matin

Ti-Gars
M'as-tu juste rappelé pour ça

Pépére
Non
Je voulais aussi te demander si tu venais à la chasse avec moi demain matin
Ça te tente-tu

Ti-Gars
J'ai-tu le choix

Pépére
Pas trop

Ti-Gars
Me semblait aussi

Pépére
Couche-toi pas trop tard on part tôt

## II- La chasse

Pépére
Fais pas de bruit

Ti-Gars
Quoi

Pépére
Fais pas de bruit

Ti-Gars
J'essaye

Pépére
Essaye mieux

Ti-Gars
OK

Pépére
Tu sais pourquoi on est là

Ti-Gars
Pour la chasse

Pépére
Oui mais tu sais pourquoi on chasse

Ti-Gars
Pour manger

Pépére
Oui mais pas juste ça

Ti-Gars
Ah

Pépére
As-tu arrosé la falaise à matin

Ti-Gars
Quoi

Pépére
La falaise
L'as-tu arrosée avant de partir

Ti-Gars
Ben voyons Pépére pas besoin de l'arroser y a mouillé c'te nuit

Pépére
C'est pas grave ça faut l'arroser pareil

Ti-Gars
Ah
Ben non

Pépére
Non tu l'as pas arrosée

Ti-Gars
Non

Pépére
Ben là

Ti-Gars
J'ai oublié

Pépére
Oui mais là oublié oublié
Faut l'arroser c'te falaise-là si on veut qu'elle repousse

Ti-Gars
Pépére tu fais du bruit

Pépére
Je le sais mais c'est pu grave
Le lac est supposé avoir deux falaises
Pis là y en a juste une
C'est pour ça qu'y faut refaire pousser l'autre
Si on l'a pas arrosée
Y a pas de raison d'aller à la chasse
Parce que si on n'arrose pas la falaise qui est pu là ça veut dire qu'a repoussera pas
Pis si a repousse pas ça veut dire qu'on n'a pas besoin de tuer les oiseaux

Ti-Gars
C'est quoi le rapport

Pépére
Ben on tue les oiseaux pour pas qu'y mangent les vers de terre

Ti-Gars
J'comprends pas

Pépére
Ben les vers de terre ça garde la terre en santé
Pis si on veut que la falaise repousse faut garder la terre en santé
Fait que pour pas que les oiseaux mangent tous les vers
On les chasse

Ti-Gars
OK

Pépére
C'est pas à l'école que t'apprendrais ça hein

Ti-Gars
Pépére parle pas de l'école c'est les vacances

Pépére
Ah je suis sûr que t'aimes plus l'école que tu le dis là

Ti-Gars
Je sais pas
Là

Là tout de suite
J'avoue que si j'étais à l'école à place d'être icitte ça serait peut-être plus le *fun*

PÉPÈRE
Je t'ai-tu déjà expliqué comment tirer un oiseau

TI-GARS
Quoi

PÉPÈRE
Un oiseau
Je t'ai-tu déjà expliqué comment on faisait pour tirer ça

TI-GARS
Tirer comme dans tirer

PÉPÈRE
Ouan
Genre bang bang

TI-GARS
Non

PÉPÈRE
Non

TI-GARS
Non

Pépére
Bon ben Ti-Gars
On va s'organiser pour que ça te serve à quelque chose ce matin-là

Ti-Gars
OK

Pépére
Pas besoin d'être à l'école pour apprendre de quoi

Ti-Gars
T'as-tu vraiment besoin de parler de l'école

Pépére
Ben non

Ti-Gars
Ben parle pas de l'école

Pépére
Fait que pour tirer un oiseau
Tu prends la carabine dans tes mains comme ça
Non pas comme ça
Comme ça
Ouan c'est ça
De même
Ben pas tout à fait
Mais quand même

Ti-Gars
C'tu bon là

PÉPÉRE
Oui oui c'est bon c'est bon

TI-GARS
OK

PÉPÉRE
Pis là faut tout le temps que tu te rappelles de ça
Y a deux façons de tirer un oiseau
Avec ou sans son consentement

TI-GARS
Hein

PÉPÉRE
Y a deux façons de tirer un oiseau
Avec ou sans son consentement

TI-GARS
J'comprends pas

LA FILLE DU LAC
Tu comprends pas

PÉPÉRE
C't'une *joke*

TI-GARS
Ah

LA FILLE DU LAC
Wow y est vraiment plate ton grand-père

Ti-Gars
Qu'est-ce tu fais là

Pépére
M'écoutes-tu

Ti-Gars
À qui tu parles

Pépére
À toi

La fille du lac
Mais y a l'air *cute* pareil
Tu devrais rire de ses *jokes*

Ti-Gars
Oui oui je t'écoute Pépére

Pépére
Y a combien de façons de tirer un oiseau

Ti-Gars
Deux
Avec ou sans son consentement
Elle est vraiment bonne

La fille du lac
C'est important de se forcer pour rire des *jokes* des vieux
Sont peut-être pas drôles mais ça leur fait plaisir de croire qu'y le sont encore
Pis ça ben ça les garde jeunes

Pépére
OK Ti-Gars
C'est bon
Sauf que pour faire ça faut que t'apprennes à tirer
Pis pour ça faut que tu retiennes deux affaires

Ti-Gars
Encore

Pépére
Oui

Parce que y a deux façons de tirer

Avec un œil fermé
Ou avec un œil ouvert
C'est toi qui décides

La fille du lac
Ouf grosse *joke* Pépére

Ti-Gars
Arrête de me faire rire Pépére va te voir

Pépére
Tu ris-tu de moi Ti-Gars

Ti-Gars
Non non je ris pas de toi Pépére je ris de tes *jokes*

La fille du lac
Euh non tu ris de mes *jokes*

Pépére
Avec un œil fermé ou avec un œil ouvert
Est-tu pas écœurante

Ti-Gars
Qu'est-ce tu fais là de toute façon

La fille du lac
J'interviens dans l'histoire que t'es en train de me conter une couple d'heures après que tu sois allé à la chasse avec ton pépére

Ti-Gars
Quoi

La fille du lac
J'suis pas là pour de vrai en train de briser ton moment mâle entre ton pépére pis toi
On est dans le futur pis t'es en train de me conter ton matin de chasse avec ton pépére pis j'me moque de toi
Sauf que là vu que t'en prends conscience tu me contes pu ton histoire pis Pépére dit pu rien

Ti-Gars
De quoi tu parles

La fille du lac
Ton pépére me parle pas y me voit pas parce que je suis pas là
Écoute juste ce qu'y va dire

Pépére
Tu m'as-tu pas déjà dit que tu pouvais juste cligner d'un œil Ti-Gars

Ti-Gars
Ouan
Le droit

La fille du lac
Bon

Pépére
Ben tu vois
Avec ma technique pour la chasse
Ton problème de clignage
C'est pas grave

C'est une technique spéciale que j'ai pas eu le choix de développer
Parce que j'suis aveugle d'un œil
Pis j'vois pas de l'autre

La fille du lac
Ouan si tu dois te taper des *jokes* comme ça tout le temps ça doit vraiment être de la marde vivre icitte

Ti-Gars
C'était pas une *joke* ça Pépére

Pépére
Quoi ça

Ti-Gars
L'affaire pour tes yeux
J'croyais que c'était une *joke* moi

Pépére
Oui pis non
J'vois pas pire de loin c'est de proche que j'ai de la misère
L'important c'est que pour chasser j'garde l'aveugle fermé
Pis celui qui voit pas ouvert
Ça vise mieux

Ti-Gars
Comment tu fais pour savoir qu'un oiseau est consentant quand tu le tires Pépére

Pépére
Dans sa façon de s'envoler juste avant que tu tires
Quand y est pas consentant y te le laisse savoir
Dans son vol tu vois la peur
Ou le défi
C'est un vol menaçant
Des fois pour protéger sa famille
Des fois pour protéger sa douce
Des fois simplement pour protéger son territoire

Ti-Gars
Pis quand y consent

Pépére
C'est un vol noble

Un vol qui veut s'élever jusqu'au boute avant de tomber
Parce qu'y sait que son temps est venu

TI-GARS
Pis c'est-tu mieux quand un oiseau consent ou quand y consent pas

PÉPÉRE
Le mieux c'est quand y a pas d'oiseau pantoute
Comme ça t'as pas besoin de tuer personne

Ah ben mon chanceux regarde-moi ça
Le vois-tu là-bas

TI-GARS
Où ça

PÉPÉRE
Là
Juste là près de la falaise qui reste
L'oiseau qui monte

TI-GARS
Oui je le vois

PÉPÉRE
Ça sera ça ton premier oiseau Ti-Gars

TI-GARS
T'es sûr

Pépére
Oui
Mais faudra que tu te dépêches
Si l'oiseau monte jusqu'en haut de la falaise
Y va devenir invincible

Ti-Gars
Pourquoi

Pépére
Je sais pas
C'est juste comme ça

Ti-Gars
Pépére
J'peux pas tirer
L'oiseau est trop proche des croix de Maman pis de Mémére
J'voudrais pas leur faire mal

Pépére
Attends attends
Y continue de monter
Sois patient

Ti-Gars
D'après toi y est-tu consentant ou pas Pépére

Pépére
Son vol est noble
Y attend juste ça Ti-Gars

Ti-Gars
Pourquoi on le laisserait pas devenir invincible
Pépére

Pépére
Faut que la deuxième falaise repousse Ti-Gars
Pour qu'y ait un équilibre entre les vivants pis les morts
Faut qu'y ait une falaise qui monte au ciel
Pis l'autre qui descend sur terre
Pis pour ça faut garder les vers de terre en santé
Pis pour garder les vers de terre faut tirer les oiseaux

Ti-Gars
Oui mais Pépére

Pépére
Là
Là vas-y c'est le moment
Tire-le
Tire
Tire Ti-Gars tire

Ti-Gars
Je l'ai-tu eu

## III- T'es-tu intéressée

La fille du lac
Pis l'as-tu eu

Ti-Gars
Quoi

La fille du lac
L'oiseau
L'as-tu eu

Ti-Gars
Je sais pas

La fille du lac
Pas sûre que j'aurais tiré moi

Ti-Gars
Comment ça pas sûre

La fille du lac
Pense pas que j'aurais tiré c'est toute

Ça a beau être la chasse
Me semble que je sais pas
Pas sûre que j'aurais fait ça

Mais fais-toi-z-en pas
J'te juge pas plus que d'habitude

TI-GARS
C'est quoi tu me juges

LA FILLE DU LAC
Tout le temps

TI-GARS
Va chier

LA FILLE DU LAC
Langage

TI-GARS
Ah *come on*

LA FILLE DU LAC
Toi j'te gage que c'qui te fait le plus peur
C'est d'avoir empêché l'oiseau de devenir invincible

TI-GARS
De quoi tu parles

LA FILLE DU LAC
Tu veux tellement devenir invincible

TI-GARS
N'importe quoi

La fille du lac
C'est quoi tu veux pas devenir invincible

Ti-Gars
T'es fatigante

La fille du lac
T'as-tu une blonde

Ti-Gars
Quoi

La fille du lac
T'as-tu une blonde

Ti-Gars
Tu trouves pas ça raide comme question à quelqu'un
que tu rencontres pour la troisième fois

La fille du lac
Non
T'as-tu une blonde

Ti-Gars
Pourquoi

La fille du lac
T'as des beaux *snicks*

Ti-Gars
De quoi

La fille du lac
Tes *snicks* tes souliers tes godasses tes chaussures
Appelle ça comme tu veux
Ce que t'as dans les pieds
C'est beau

Ti-Gars
Merci

La fille du lac
Sont un peu grands pour c'que t'as à faire avec mais c'est pas grave

Ti-Gars
C'est quoi t'as un fixe sur les *snicks* ou

La fille du lac
Tu savais pas ça
C'est une des premières affaires qu'une fille remarque chez un gars
Ses *snicks*

Ti-Gars
N'importe quoi

La fille du lac
J'te jure

T'as-tu une blonde

Ti-Gars
Non

La fille du lac
Ah

Ti-Gars
Pourquoi tu me demandes ça

La fille du lac
Pour savoir

Ti-Gars
De toute façon c'est mieux de pas tomber en amour avec moi

Y a une malédiction dans ma famille
Faut que tu fasses attention
J'suis dangereux

La fille du lac
Ben voyons

Ti-Gars
J'te jure

La fille du lac
J'te crois pas

Ti-Gars
J't'un accident moi
Faut pas que tu te fies à ça des accidents

La fille du lac
De quoi tu parles

Pépére
Ti-Gars
Moi là
J'ai eu deux accidents dans ma vie
Ton père
Quand j'avais 17 ans
Pis toi
Quand ton père t'a eu
17 ans plus tard

La fille du lac
Pourquoi y appelle ça un accident

Ti-Gars
Parce que ma mère pis ma grand-mère sont mortes en nous donnant naissance

Pépére
Mais tu sais Ti-Gars
Faut pas croire qu'on vous voulait pas là
J'ai beau dire que vous êtes un accident ton père pis toi
Ça reste un bel accident pareil

La fille du lac
Pis t'as quel âge

Ti-Gars
17 ans
C'est mon année chanceuse

Si tu tombes amoureuse de moi tu pourrais mourir de la malédiction comme ma mère pis ma grand-mère

T'es-tu intéressée

LA FILLE DU LAC
Non

TI-GARS
Tant mieux

LA FILLE DU LAC
Mais attends là si t'as 17 ans ça veut dire que ton grand-père a 51 ans

TI-GARS
Oui

LA FILLE DU LAC
C'est drôle quand t'en parles y a l'air tellement plus vieux

TI-GARS
Y a l'air plus vieux en vrai aussi

LA FILLE DU LAC
Comment ça

TI-GARS
Je sais pas
Y dit que ça te vieillit quand le monde que t'aimes meurt

La fille du lac
Pis c'est ton grand-père qui a peint les croix sur la falaise

Pépére
Non
Non ça c'est apparu tout seul

La fille du lac
De quoi

Pépére
Le jour où ta grand-mère est morte Ti-Gars
Y a une tempête qui s'est levée
Pis tu y croiras pas
Mais ce jour-là
La tempête a emporté une des deux falaises

La fille du lac
Tu me niaises

Ti-Gars
Laisse-le finir

Pépére
Quand j'me suis levé le lendemain
Sur la falaise qui restait
Y avait une croix

La fille du lac
Pis l'autre croix

Ti-Gars
Laisse-le finir j'te dis

Pépére
L'autre croix est apparue le lendemain de la mort de ta mère Ti-Gars

La fille du lac
On dirait que c'est trop *cool* pour être vrai

Pépére
Fait que depuis que ta grand-mère est partie
J'essaye de faire repousser la falaise qui manque
Pour enlever les croix sur celle qui reste

La fille du lac
*Nice*

Ti-Gars
Tu trouves

La fille du lac
Ben je sais pas oui j'trouve ça *nice*
Bon je trouve que t'exagères quand tu parles de malédiction là
Ça fait super dramatique pour rien
Surtout que c'est vraiment pas l'histoire que j'ai entendue sur les croix mais

Ti-Gars
C'est quoi que t'as entendu sur les croix

La fille du lac
Ah c'est pas grave
C'est tellement *flyé* ta malédiction
J'aime ben mieux ça

Ti-Gars
Non mais sérieux t'as entendu quoi

La fille du lac
Ah on devrait vraiment essayer de monter les voir

Ti-Gars
Voir quoi

La fille du lac
Les croix
On devrait monter les voir
On sait jamais
Ça pourrait contrer ta malédiction

Ti-Gars
'Garde arrête avec ta malédiction là

La fille du lac
OK tu viens-tu d'abord

Ti-Gars
De quoi tu parles

La fille du lac
Ben j'sais pas
Toi moi
La falaise

On monte
Youpidou vive les croix allons saluer ta mère pis ta grand-mère

Non

Ti-Gars
T'es malade c'est super dangereux

La fille du lac
Dangereux comme toi
*Coup de carabine.*
Sauvé par la carabine

Ti-Gars
C'est ça

La fille du lac
On se r'prendra

## IV- Les règles de Pépére

Pépére

T'sais Ti-Gars
Je sais qu'on se connaît pas beaucoup
Parce qu'on s'est pas vus souvent depuis que t'es jeune
Pis que forcément ni toi ni moi on a voulu que ça se passe de même
Mais comme on est pogné avec ça
Bah je me dis autant essayer que les choses aillent bien

C'est pour ça que je t'ai préparé une liste
Je sais que je t'ai déjà expliqué une couple d'affaires
Mais avec une liste j'me suis dit que ça fonctionnerait bien
Pis fais-toi-z-en pas j'ai rien répété de ce que je t'avais déjà dit

Fait que bon
J'y va

J'ai appelé ça

Les règles de Pépére
1) Faire la vaisselle
2) Faire son lit des draps défaits c'est pas beau
3) Faire son lavage
Parce que 3.1) moi du linge sale ça m'écœure
4) Prendre sa douche une fois par jour au moins
4.1) À ton âge on sent le swing au moins une fois par jour
5) Faire à manger
5.1) De temps en temps
Mais 5.2) juste si c'est bon
Sinon 5.3) m'a t'apprendre
6) Apprendre à bien faire à manger
7) Boire de l'eau
Boire du lait
Ne pas boire du café t'es trop jeune encore
9)

J'pense que j'suis rendu à 9)

J'suis-tu rendu à 9)
En tout cas
9)

Peut-être 10)
T'entres pas dans ma chambre quand j'suis là
Quand j'suis dans ma chambre j'suis nerveux
Pis un pépére nerveux avec une carabine c'est mieux de le laisser tranquille
Là j'avais pensé juste faire un top 10 parce que 10 c'est un chiffre rond pis on dirait que ça sonne ben

Mais j'ai pensé à autre chose que j'avais pas pensé dire

Fait que
Ouan
J'en ai d'autres

11) M'écouter quand je parle
Surtout quand 11.1) je radote
12) Rire de mes *jokes*
Comme là tout de suite tu pourrais rire là
Pourquoi tu ris pas
Ben voyons
Ti-Gars
Ti-Gars qu'est-ce tu fais
C'était pour rire là
Pour te dire que j'étais content que tu sois là là
Je sais que j'ai pas beaucoup été là avant
Mais je me dis qu'on pourrait se rattraper si tu veux

## V- Ça va mal

Ti-Gars
Comment j'vais
J'vais mal
J'peux-tu
J'ai-tu l'droit

Mal
Mal
Mal mal mal mal mal

J'ai-tu besoin d'aller ben
J'peux-tu aller mal sans que tout le monde s'en fasse
Sans qu'on me prenne en pitié
Sans qu'on m'écœure parce que ça va pas ben
J'vais mal
Pis c'est ben correct
J'aime ça aller mal
J'ai besoin d'aller mal
Ça ira peut-être mieux à un moment donné

Mais pour astheure
Ça va mal
Pis je fais rien pour que ça change

PÉPÉRE
T'as-tu dit quelque chose Ti-Gars

TI-GARS
Non
Rien
J'ai rien dit

PÉPÉRE
Ça va-tu
On dirait que tu te parles tout seul

TI-GARS
Oui oui
Oui oui ça va

## VI- Tu repars quand

La fille du lac
Tu repars quand

Ti-Gars
Quoi

La fille du lac
Tu repars quand

Ti-Gars
Qu'est-ce tu veux dire

La fille du lac
Ben là tu vas-tu rester icitte toute ta vie

Ti-Gars
Ben non

La fille du lac
Ben tu repars quand

Ti-Gars
T'es *rushante* je sais pas

La fille du lac
Ben là c'est pas toi qui disais que c'était d'la marde vivre icitte

Ti-Gars
Oui

La fille du lac
Fait que tu repars quand

Ti-Gars
Je sais pas

La fille du lac
Pis tu fais quoi icitte en attendant

Ti-Gars
Rien

La fille du lac
Quoi

Ti-Gars
Rien
Je fais rien
Y a rien à faire
Je tourne en rond j'prends des marches je lis même pas de livres y a pas de livres chez mon grand-père
Y a pas la télé y a pas Internet y a rien
Je joue aux cartes

En fait je dis que je joue je joue même pas
Je perds aux cartes

LA FILLE DU LAC
Qu'est-ce tu veux dire

TI-GARS
Je perds tout le temps je gagne jamais
Pourtant c'est des cartes c'est une affaire de chance
Mais Pépére a beau m'apprendre j'me fais tout le temps clencher
C'est comme si y m'apprenait à être poche aux cartes
T'sais comme pour rajouter une couche de marde
Déjà que c'est poche les cartes s'y faut que tu sois poche en plus

LA FILLE DU LAC
C'est pas poche les cartes

TI-GARS
T'aimes ça les cartes

LA FILLE DU LAC
Ben oui
Mais faut dire que moi je gagne

TI-GARS
J'ai tellement hâte de partir là je sais pas c'que j'fais là j'me sens perdu icitte j'étouffe
C'est tellement d'la marde
Quand y fait beau c'est d'la marde parce que j'peux pas sortir trop loin

Quand y pleut c'est d'la marde parce que j'peux pas sortir
Quand y arrête de pleuvoir ça sent la marde parce que la terre mouillée ça fait ça
Pis je sais pas j'suis juste pu capable ça me fait chier d'être icitte

LA FILLE DU LAC
C'est-tu si pire que ça être pogné là

TI-GARS
Oui

LA FILLE DU LAC
Serais-tu mieux ailleurs

TI-GARS
Non

LA FILLE DU LAC
Ben là

TI-GARS
Ailleurs avec j'serais pogné
Pogné avec moi-même avec l'envie de m'en aller
comme tout le monde qui s'en va d'icitte

LA FILLE DU LAC
Ben là
Tout le monde s'en va pas
Ton grand-père y est resté

Ti-Gars
Ouan mais lui c'est pas la même affaire

Pépére
T'sais Ti-Gars
J'aurais pu partir moi
Partir comme les autres
Tout le monde s'en va
Mais j'suis resté Ti-Gars
J'suis resté parce qu'icitte j'me suis trouvé de quoi à aimer pis que j'ai eu envie que ça dure
Pis tant que ça durera je partirai pas

La fille du lac
Ouan ben t'es vraiment pas prêt de repartir

Ti-Gars
Pis toi
T'es-tu pognée icitte

La fille du lac
Non non

Ti-Gars
Ben là t'attends quoi pour partir

La fille du lac
Je sais pas

Je pense que j'partirai après t'avoir sauvé la vie

Ti-Gars
T'es vraiment pognée là-dessus

La fille du lac
Ben quoi
C'est vrai

Ti-Gars
T'sais que hier j'ai failli mourir

La fille du lac
Hein

Ti-Gars
Ouan
J'ai traversé le chemin
Pis chu resté dans le plein milieu de la route pendant vraiment longtemps
J'aurais pu me faire frapper là
Mais y a même pas un char qui est venu
Comme si y a personne autour que tout le monde reste chez eux que personne fait rien
C'est fou

La fille du lac
T'es niaiseux

Ti-Gars
Ouan
Pis tantôt encore
J'ai retenu mon souffle là
J'aurais pu oublier comment respirer pis mourir étouffé presque par exprès

Pis t'étais même pas autour pour me sauver la vie

La fille du lac
Tu le sais pas ça

Ti-Gars
Hein

La fille du lac
C'est ça qui est le *fun* avec toi
C'est que tu sais jamais quand j'peux être autour

Ti-Gars
T'essayes-tu de me faire *freaker*

La fille du lac
Ben non

De toute façon j'ai pas besoin
Tu *freakes* déjà

Ti-Gars
T'es vraiment *weird*

La fille du lac
Je le sais
Pis t'aimes ça

Ti-Gars
C'est ça

## VII- Omelette sauvage

Pépére
Câline
T'as donc ben l'air fatigué
Qu'est-ce t'as fait

Ti-Gars
J't'allé m'entraîner

Pépére
T'as fait quoi

Ti-Gars
Ben
De l'exercice là
M'entraîner être en forme

Pépére
Ah ouan
Bizarre ça

T'as-tu faim

Quin
Prends ça
Mange

C'est ça
Bourre-toi la face

C'était une moyenne cochonne ta grand-mère
Je t'ai-tu déjà dit ça

TI-GARS
Pépére

PÉPÉRE
Une cochonne j'te dis
A mangeait tout le temps
Ma grosse boule d'amour que je l'appelais
A s'appelait Léda
Pis j'te dis qu'a portait bien son nom

TI-GARS
C'est pas fin ça

PÉPÉRE
Non mais c'est vrai

TI-GARS
Pis tu l'aimais pareil

PÉPÉRE
Ben oui
Ta grand-mère pis moi on était ensemble depuis la petite école

Pépére et Ti-Gars
C'est pour ça que même si elle est partie trop jeune
c'est comme une partie de ma vie qui est partie avec elle

Pépére
Pis en plus quand quelqu'un adonne une tarte
comme a l'adonnait
Tu sais que c'est pour la vie
Jamais connu quelqu'un d'aussi cochonne
Ah ah ah
Juste à y penser ça me donne faim
Y t'en reste-tu m'a t'en voler j'pense

Ben non j'te niaise

Est pas trop frette
Je l'ai réchauffée c'est mes restants d'à matin
Mais j'pense qu'est bonne pareille

Ti-Gars
Vraiment Pépére
Est écœurante ton omelette

Pépére
Ça peut pas être autrement
C'est frais frais frais ces œufs-là

Ti-Gars
Qu'est-ce tu veux dire

Pépére
Ben là
C'est des œufs sauvages

Ti-Gars
Des œufs sauvages

Pépére
Ben oui
Frais d'à matin
J'ai dû tuer leurs parents
Fait qu'au lieu qu'y pourrissent dans leur nid
J'ai fait une omelette

Ti-Gars
Arke

Pépére
Qu'est-ce qu'y a

Ti-Gars
C'est ben dégueulasse

Pépére
Ben quoi

Ti-Gars
Ben là on mange des bébés oiseaux parce que t'as tué leurs parents

Pépére
Ben oui

Ti-Gars
Comment ça

Pépére
Ben là

Ti-Gars
T'as pas pensé acheter des œufs au magasin comme tout le monde

Pépére
Ben là au magasin aussi c'est des bébés oiseaux

Ti-Gars
C'est pas pareil

Pépére
Voyons donc

Ti-Gars
Quand ça vient du magasin on n'a pas tué leurs parents le matin même

Pépére
Tu le sais-tu ça
De toute façon au village c'est trop loin pis j'peux pas conduire
Pis toi comme tu veux pu conduire depuis que

Ti-Gars
Pourquoi tu parles de ça

Pépére
C'est pas ça j'voulais dire
J'voulais dire depuis que t'es icitte

Ti-Gars
On avait dit qu'on parlerait pas de ça

Pépére
S'cuse-moi Ti-Gars

Ti-Gars attends
Prends pas ça de même

Pars pas de même
La vaisselle est pas faite

Ti-Gars

Ti-Gars ousse tu vas

Ti-Gars
Loin
J'm'en va loin
Comme ça tu pourras pas t'ennuyer tout de suite

## VIII- La pêche

La fille du lac
Une chance t'es pas arrivé plus tôt
J'me lavais dans le lac
Tu m'aurais pognée toute nue

Ti-Gars
Quoi

La fille du lac
T'es-tu malade
Même si c'était vrai
Je t'aurais pas dit ça

Ti-Gars
Ah OK

La fille du lac
Si t'avais vu ta face par exemple ça valait la peine
La fille du lac dans le lac toute nue

Ti-Gars
OK reviens-en là

La fille du lac
En passant toutes mes félicitations

Ti-Gars
Qu'est-ce j'ai fait

La fille du lac
T'arrives juste à temps

Ti-Gars
À temps pour quoi

La fille du lac
Pour la pêche

Ti-Gars
Quoi

La fille du lac
Ben comme tu veux rien savoir d'aller monter la falaise pour saluer les croix
J'me suis dit que j'te forcerais à aller à la pêche au lieu
T'as-tu déjà pêché

Ti-Gars
Non

La fille du lac
Bon ben ça tombe bien

Moi non plus
Tiens

Ti-Gars
Je fais quoi avec ça

La fille du lac
Je sais pas trop
Tu le lances à l'eau pis t'attends

Ti-Gars
OK

La fille du lac
Pourquoi y s'ennuie

Ti-Gars
Hein

La fille du lac
Ton grand-père
Pourquoi y s'ennuie aussi facilement de toi

Pépére
Ti-Gars
Quand ta grand-mère est partie
Je me suis ennuyé longtemps
Vraiment longtemps
Je peux pas t'expliquer comment c'est venu me chercher
Je la voyais partout je sentais qu'elle était proche
Pis j'm'ennuyais tout le temps

La fille du lac
C'est quoi qui a changé

Pépére
À un moment donné
Je me suis dit qu'elle était loin
Pis c'est juste à ce moment-là que j'ai arrêté de m'ennuyer
Quand elle est loin je m'ennuie pas
Sais pas pourquoi
C'est juste de même

Ti-Gars
C'est la même affaire avec moi
Quand y sait que j'suis proche y s'ennuie

La fille du lac
J'ai quelque chose

Ti-Gars
Quoi

La fille du lac
J'ai pogné quelque chose j'te jure

Ti-Gars
Ben voyons on vient juste de mettre la ligne à l'eau

La fille du lac
Tiens ma canne j'vais aller le chercher

Ti-Gars
Hein

La fille du lac
Tiens-la

Ti-Gars
Ben là tu vas toute te tremper

La fille du lac
Ben non

Ah

Ti-Gars
L'as-tu

La fille du lac
Oui mais

Ti-Gars
Mais quoi

La fille du lac
Ben c'est pas un poisson

Ti-Gars
C'est quoi

La fille du lac
Une bouteille

Ti-Gars
Une bouteille

La fille du lac
Ouan

Ti-Gars
*Check* y a quelque chose dedans

La fille du lac
Ouan je sais

Ti-Gars
Ben ouvre-la

La fille du lac
Non

Ti-Gars
Ben là

Tu veux pas savoir ce qui est écrit dedans

La fille du lac
Je le sais déjà

Ti-Gars
Qu'est-ce tu veux dire tu sais déjà

La fille du lac
C'est la liste des choses que je veux oublier

Ti-Gars
Hein

La fille du lac
Je la connais cette bouteille-là
C'est moi qui l'ai jetée dans le lac
Pis dedans c'est la liste des choses que je veux oublier

Ti-Gars
J'te suis pas là

La fille du lac
T'as jamais fait ça toi
Une liste des choses que tu veux oublier

Ti-Gars
Non

La fille du lac
Ah
Ben moi oui

Ti-Gars
Pis y a quoi sur ta liste

La fille du lac
Ben je sais pas
Les choses que j'ai voulu oublier

Ti-Gars
Pis tu t'en souviens pu

La fille du lac
Ben non
Sont sur la liste pour pu que j'm'en souvienne

Ti-Gars
Ben t'as pas envie de regarder dans la bouteille

La fille du lac
Ben non
Si j'ai voulu les oublier
C'est pas pour m'en souvenir de nouveau à un moment donné

Ti-Gars
OK

La fille du lac
C'est quoi t'as jamais fait ça toi

Ti-Gars
Non

La fille du lac
Tu devrais

Ti-Gars
Qu'est-ce tu veux dire

La fille du lac
Ben tu devrais
Ça fait du bien des fois
Oublier les souvenirs qui nous pèsent trop

Ti-Gars
On fait comment

La fille du lac
Ben t'écris la liste des choses que tu veux oublier
Tu l'enfermes dans une bouteille

Tu jettes la bouteille dans le lac
Pis tu t'assures de jamais l'ouvrir

Ti-Gars
C'est toute

La fille du lac
Ben oui

Ti-Gars
Y arrive quoi si tu l'ouvres de nouveau

La fille du lac
Ben tu t'assures que personne lise ta liste
Sinon tu te rappelles de c'que tu voulais oublier
Pis là faut qu'tu recommences

Ti-Gars
Pis ça marche vraiment

La fille du lac
Ben essaye

## IX- Les raisons pour lesquelles c'est d'la marde vivre icitte

Ti-Gars
Cher Pépére

Suite à la rédaction de tes règles
J'ai décidé de t'écrire une lettre que je te lirai jamais
Parce que ça te ferait sûrement de la peine
Pis t'as beau m'écœurer yinque en masse
Ça m'écœurerait encore plus que tu sois triste
Mais j'te l'écris quand même
Pour me défouler
Pis parce que je crois que tes règles poches méritent au moins une réponse

En tout cas

J'ai appelé ça
Les raisons pour lesquelles c'est d'la marde vivre icitte
Et ça va comme suit

1) J'ai jamais voulu vivre icitte
2) J'ai pas le choix que de vivre icitte
3) Je peux pas ne pas vivre icitte
4) Toute est fermé icitte
Sinon 4.1) toute est sur le point de fermer icitte
5) Y a pas de jeunes icitte tout le monde s'en va
Sauf 5.1) moi
6) Y a personne qui voit un avenir icitte même si
6.1) Y devraient me semble
Parce que 6.2) c'est important d'espérer
7) Faudrait vraiment que tu te pognes une *job* ou que tu t'en crées une parce que
7.1) À 51 ans t'es trop jeune pour pas avoir de vie comme t'as pas de vie
Pis 7.1.1) ça pourrait être bien que tu décroches de l'affaire de Mémére pis que tu te trouves une autre blonde parce que ça fait 34 ans pis l'affaire de la falaise qui repousse y a juste toi qui y crois
7.1.2) Ça reste quand même beau de te voir aller pis de t'entendre l'aimer

Ouan c'est clair que je te lirai jamais ça

Finalement

8) J'tanné d'être écœuré de toute
Même si 8.1) je sais que je m'aide pas
9) J'suis tanné que toute ait l'air de mourir autour de moi
Pis 10) je veux me donner la chance de vivre jusqu'au boute

Ah pis c'est pas un top 10 de mes raisons
Ça finit juste de même

## X- La visite

Pépére
Ti-Gars
Ti-Gars viens voir
Viens voir on a de la visite

Ti-Gars
Pépére
Pépére qu'est-ce qu'y a

Pépére
J'en reviens pas
T'es revenue

Ti-Gars
Pépére à qui tu parles

Pépére
T'a vois-tu
Est là

Ti-Gars
Qui ça
De qui tu parles

Pépére
Ta grand-mère

Ti-Gars
Pépére de qui tu parles
Y a personne

Pépére
J'te jure
J'te jure qu'est là
J'la vois

Ti-Gars
Pépére à qui tu parles

Pépére
À elle

Ti-Gars
Pépére y a personne

Pépére
Demande-lui qu'elle te prenne dans ses bras Ti-Gars
Pis qu'elle me laisse vous prendre tous les deux ensemble

Ti-Gars
Pépére y a personne

Pépére
Qu'est-ce tu racontes tu la vois pas

Ti-Gars
Non je la vois pas Pépére t'es tout seul à la voir

Pépére
Pourquoi y a juste moi qui la vois

Ti-Gars
Je sais pas Pépére

Pépére
Pourquoi y a juste moi qui te vois
Pourquoi tu me laisses pas te toucher
Si j'peux pu te toucher j'veux pu t'voir
*Pépére sort un ciseau.*

Ti-Gars
Qu'est-ce tu fais Pépére

Pépére
Si a me laisse pas la toucher j'me laisserai pu la voir
Ti-Gars
*Pépére place le ciseau dans la main de Ti-Gars.*

Ti-Gars
Pépére
Pépére parle-moi

Pépére
Tu m'aimes-tu Ti-Gars

Ti-Gars
Quoi

Pépére
Si tu m'aimes frappe

Ti-Gars
Ben voyons Pépére

Pépére
Frappe

Ti-Gars
Lâche ma main qu'est-ce tu fais non

Pépére
Non
OK

*Pépére prend la main de Ti-Gars et enfonce le ciseau dans son œil.*

Ti-Gars
Pépére

La fille du lac
Tu dors-tu

Ti-Gars
Quoi

La fille du lac
Tu dors-tu

Ti-Gars
Hein
Qu'est-ce qui se passe

La fille du lac
Tu dormais-tu

Ti-Gars
QU'EST-CE TU FAIS LÀ

La fille du lac
J't'ai-tu réveillé

Ti-Gars
Oui

La fille du lac
S'cuse

Ti-Gars
Qu'est-ce tu fais là

La fille du lac
J'te regardais

Ti-Gars
Pardon

La fille du lac
J'te regardais dormir

Ti-Gars
Qu'est-ce tu veux dire tu me r'gardais dormir

La fille du lac
Je voulais voir comment on fait

Ti-Gars
J'te comprends pas là

La fille du lac
J'dors jamais moi
J'voulais apprendre
Savoir comment on fait pour dormir
C'est pour ça que j'suis là

Ti-Gars
T'es venue me regarder dormir

La fille du lac
Oui
C'tu bizarre

Ti-Gars
Oui

La fille du lac
S'cuse

Ti-Gars
Tu dors jamais

La fille du lac
Non

Ti-Gars
Comment ça

LA FILLE DU LAC
Parce que j'suis pu capable de rêver

TI-GARS
Quoi

LA FILLE DU LAC
Je rêve pu

TI-GARS
Tu rêves pu

LA FILLE DU LAC
J'ai pu de berceuses

TI-GARS
Berceuses

LA FILLE DU LAC
Avant y avait des voix dans ma tête
Des voix qui me chantaient des berceuses quand j'me couchais
Pis ça me permettait de rêver
Mais là j'ai jamais appris à rêver toute seule
Fait que depuis que les voix sont parties
Je dors pu

TI-GARS
Tu me niaises-tu

La fille du lac
Oui
Y a vraiment des fois où j'ai l'impression que je pourrais te dire n'importe quoi pis tu me croirais pareil

Ti-Gars
C'est pas drôle

La fille du lac
Tu rêvais à quoi

Ti-Gars
Pas de tes affaires

La fille du lac
Ça avait l'air intense

Ti-Gars
Ouan

La fille du lac
T'es beau quand tu dors

Ti-Gars
Quoi

La fille du lac
T'es beau quand tu dors

Ti-Gars
Ouan mais là j'dors pu

La fille du lac
Une chance que tu dors pas en bobettes
Ça ç'aurait été bizarre

Ti-Gars
C'est quoi l'affaire

La fille du lac
Ben moi qui arrive quand toi t'es en bobettes

Ti-Gars
Non ça j'avais compris j'veux dire
C'est quoi l'affaire pourquoi t'es là

La fille du lac
J'voulais te voir dormir

Ti-Gars
Pourquoi

La fille du lac
Parce que je sais que tu rêves pu

Ti-Gars
Quoi

La fille du lac
Je sais que toi non plus t'es pu capable de rêver

Ti-Gars
De quoi tu parles

La fille du lac
T'as peur de dormir
C'est écrit dans ton sommeil

Ti-Gars
Voyons donc

La fille du lac
Avoue
Avoue-le
Ça se sent quand tu dors

Ti-Gars
Parle pas trop fort
Tu vas réveiller Pépére

La fille du lac
Avoue
C'est pour ça que t'es si beau quand tu dors
C'est beau un Ti-Gars qui a peur dans son sommeil

Ti-Gars
Arrête

La fille du lac
T'as juste besoin d'avouer

Ti-Gars
J'ai pas peur

La fille du lac
Menteur

Ti-Gars
Va-t'en

La fille du lac
Non

Ti-Gars
Va-t'en sacre ton camp j'veux pu t'voir j'veux dormir t'avais pas d'affaire à venir me voir t'as pas d'affaire à me surveiller quand j'dors tu sais rien de moi va-t'en

Pépére
Ti-Gars

Ti-Gars
*Shit*

Pépére
Ti-Gars dors-tu

Ti-Gars
Va-t'en

Pépére
À qui tu parles

Ti-Gars
Personne

Pépére
Cauchemar

Ti-Gars
Je sais pas

Pépére
Ça doit

Ti-Gars
Comment ça

Pépére
Tu fais ça depuis un bout

Ti-Gars
De quoi tu parles

Pépére
T'as peur dans ton sommeil

Ti-Gars
Hein

Pépére
Inquiète-toi pas
C'est beau un Ti-Gars qui a peur dans son sommeil

Ti-Gars
OK

Pépére
T'es sûr tu parlais à personne

Ti-Gars
Non

Pépére
Parce que tu sais si y a des tites filles qui viennent te voir faut être prudent
Tu peux me le dire là

Ti-Gars
Non non y a personne

Pépére
Oublie jamais Ti-Gars
Y a trois sortes de personnes dans le monde
Celles qui mentent
Pis celles qui mentent pas

Ti-Gars
Y en manque une

Pépére
Ah ouan

Ti-Gars
Ouan

Pépére
Ah

Ti-Gars
C'est quoi la troisième sorte de personnes

Pépére
Je sais pu

Ça doit être quelque part entre les deux

Vas-tu être bon pour dormir

Ti-Gars
Ouan

Pépére
OK

Si jamais t'as peur
T'as juste besoin de dire
Pépére
Pis Pépére viendra te voir

Ti-Gars
Pépére

Pépére
Quoi

Ti-Gars
J'ai 17 ans

Pépére
Je sais
Je sais
C'est juste que
Ta mémére disait tout le temps qu'elle avait hâte d'avoir des petits-enfants pour leur dire ça

Ti-Gars
C'est OK Pépére

Pépére

Ti-Gars
Ça t'est-tu déjà arrivé toi de voir du monde qui existe pas
Du monde que y a juste toi qui vois

Ti-Gars

Pourquoi tu me demandes ça

Pépére

Pour rien

S'cuse-moi Ti-Gars
J'aurais pas dû t'écœurer avec ça

Ti-Gars

Ça va-tu Pépére

Pépére

Hein
Oui oui
Oui oui ça va Ti-Gars

J'aime juste ça radoter de temps en temps

Dors bien Ti-Gars

## XI- Bouteille

La fille du lac
J'ai quelque chose pour toi

Ti-Gars
Ça fait-tu longtemps que tu viens me voir dormir

La fille du lac
J'ai quelque chose pour toi

Ti-Gars
T'es venue m'espionner dans ma chambre hier soir

La fille du lac
J'ai quelque chose pour toi le veux-tu

Ti-Gars
Vas-tu me répondre

La fille du lac
Non
J'ai quelque chose pour toi
Le veux-tu

Ti-Gars
Oui
Mais après que tu m'auras expliqué pourquoi tu me regardais dormir dans ma chambre hier soir

C'est quoi ça

La fille du lac
Ton oiseau

Ti-Gars
Hein

La fille du lac
T'sais l'oiseau que t'as tiré l'autre jour
Je l'ai trouvé
Fait que j'te l'ai apporté
C'est ton premier oiseau bravo

Ti-Gars
T'es malade j'le veux pas

La fille du lac
T'es pas content

Ti-Gars
Je sais pas

La fille du lac
Ben voyons

Ti-Gars
Je sais pas j'pensais pas qu'y était mort
Je pensais qu'y avait franchi le haut de la falaise
Qu'y était devenu invincible

La fille du lac
Ça doit être à cause de la vue tu penses pas

Ti-Gars
De quoi tu parles

La fille du lac
La vue que t'as sur le monde quand t'es en haut de la falaise
Ça doit être ça qui te rend invincible

Ti-Gars
Je sais pas

La fille du lac
La vue en haut doit être écœurante

Ti-Gars
J'veux monter la falaise

La fille du lac
Quoi

Ti-Gars
Tous les jours depuis que j'suis icitte
J'm'entraîne pour monter la falaise qui reste

La fille du lac
Je sais

Ti-Gars
Comment ça tu sais

La fille du lac
Tes *snicks*

Ti-Gars
Mes *snicks*

La fille du lac
Ben oui tes *snicks*
Tu portes des *snicks* d'escalade
Tu devrais t'en acheter d'autres par exemple
Sont trop grands tes *snicks*
Des *snicks* d'escalade t'es pas censé marcher avec ça

Ti-Gars
Je sais mais j'en ai hérité

La fille du lac
Tu montes la falaise pour les croix pour être invincible ou pour ton père

Ti-Gars
On parle pas de mon père

La fille du lac
Pourquoi

Ti-Gars
Arrête avec tes questions t'es pas ma mère

La fille du lac
Avoue que t'aimerais ça que je sois ta mère des fois

Ti-Gars
N'importe quoi

La fille du lac
T'as-tu déjà *frenché*

Ti-Gars
Oui
Non
Pourquoi tu demandes ça

La fille du lac
T'as-tu déjà *frenché*

Ti-Gars
Yo tu me parles d'être ma mère pis là tu me parles de *frencher* c'est quoi le rapport

La fille du lac
Je change de sujet

Ti-Gars
Ben là

La fille du lac
Ben c'est ça

Ti-Gars
C'est quoi tu veux *frencher*

La fille du lac
Non

Ti-Gars
*Good*

La fille du lac
Comment ça *good*

Ti-Gars
Je sais pas ça serait *weird*
Te *frencher* j'aurais l'impression que je *frenche* ma sœur ou ma mère

La fille du lac
Bon tu vois que t'aimerais ça que je sois ta mère

Ti-Gars
Arrête

La fille du lac
OK j'essaye d'être ton père d'abord

Ti-Gars
Pour *frencher*

La fille du lac
Pour le *fun*

Ti-Gars
T'es fatigante j'veux pas que tu sois mon père

La fille du lac
Ah *come on*
Ce sera pas long
Juste faire semblant
Envoye envoye envoye

Ti-Gars
On parle pas de mon père je l'ai déjà dit

La fille du lac
Pas *game*

Ti-Gars
*Anyways* tu pourrais pas jouer mon père

La fille du lac
Je pourrais tellement jouer ton père

Ti-Gars
Faudrait boire une bouteille

La fille du lac
On en a pêché une

Tiens

Ti-Gars
Qu'est-ce tu fais

La fille du lac
Ben là je vais pas boire toute seule

Ti-Gars
Viens mon amour

La fille du lac
Quoi

Ti-Gars
Mon père finit toujours par faire semblant que sa bouteille c'est ma mère

La fille du lac
Arke

Ti-Gars
Si tu veux jouer à être mon père faut qu'on joue pour vrai

La fille du lac
Ti-Gars
Tu vois c'que j'trouve beau de cette bouteille-là
C'est qu'y a toujours une goutte de ta mère en quelque part

C'tu correct ça

Ti-Gars
Arrête

La fille du lac
Quoi

Ti-Gars
Arrête ça m'écœure ce jeu-là

La fille du lac
Si on arrête de jouer j'te *frenche*

Ti-Gars
Quoi

La fille du lac
Nouvelle règle du jeu
Si on arrête de jouer j'te *frenche* pis comme ça j'pourrai dire à tout le monde que t'as *frenché* ta sœur pis ta mère

Ti-Gars
*Come on*

La fille du lac
En plus je suis ton père tout de suite
Veux-tu *frencher* ton père

Ti-Gars
T'as pas d'allure

La fille du lac
Ti-Gars
Heille Ti-Gars
Viens icitte
Viens icitte que j'te *frenche*

Ti-Gars
C'est vraiment pas *cool* là

La fille du lac
Ben joue

Ti-Gars
Donne-moi ma mère

La fille du lac
Quoi

Ti-Gars
La bouteille
Passe-moi la bouteille Papa
*Il ouvre la bouteille et en sort la liste.*

La fille du lac
QU'EST-CE TU FAIS LÀ

Ti-Gars
Je change les règles du jeu

La fille du lac
C'est vraiment pas *cool* c'est la liste des choses que je veux oublier là-dedans
Faut pas que personne lise ça
Donne-la-moi

Ti-Gars
Non

La fille du lac
Qu'est-ce tu vas faire avec

Ti-Gars
Tu me fais-tu confiance

La fille du lac
Non

Ti-Gars
Je la lirai pas

La fille du lac
OK mais si je te confie mes secrets tu me donnes quelque chose en échange

Ti-Gars
Mon père est mort

La fille du lac
Quoi

Ti-Gars
Tu me donnes un secret j'te donne le mien
J'ai fait un accident de char avec mon père
Pis y est mort
C'est pour ça qu'j'suis revenu vivre icitte

La fille du lac
Le monde autour de toi doit tellement pas savoir quoi te dire
Tu dois être écœuré

Ti-Gars
Mettons que y a ben du monde dans la catégorie des «ceux qui savent pas quoi dire quoi faire mais qui cherchent à te dire de quoi de ben beau ben fin pis ben smatte» à qui je lancerais l'invitation de fermer leur yeule
Parce que dans le fond y a pas grand-chose à dire

La fille du lac
T'sais que ça se fait mettre deux listes des choses qu'on veut oublier dans une bouteille

Ti-Gars
J'en mettrai pas

La fille du lac
Pourquoi

Ti-Gars
Je veux pas oublier ça

## XII- Les accroires

Pépére
J't'allé au village ce matin Ti-Gars

Ti-Gars
C'est qui qui t'a donné un lift

Pépére
Personne

Ti-Gars
T'as marché au village

Pépére
Non

Ti-Gars
Ben là comment t'as fait

Pépére
J'ai conduit

Ti-Gars
T'as fait quoi

Pépére
J'ai conduit

Ti-Gars
Ben voyons t'es pas censé conduire

Pépére
C'est pas si pire que ça

Ti-Gars
Pépére tu m'as tout le temps dit que t'étais aveugle d'un œil

Pépére
Pis que je voyais pas de l'autre
Je le sais
C'est pas tout à fait vrai là
J'vois pas grand-chose de cet œil-là
Mais de l'autre j'vois quand même pas pire

Ti-Gars
Qu'est-ce tu fais tout de suite
Tu mens ou tu dis pas la vérité

Pépére
'Garde j't'allé au village appliquer pour des jobs j'ai-tu l'droit

Ti-Gars
T'as fait quoi

Pépére
J'essaye de me pogner une job

Ti-Gars
OK pis

Pépére
Y avait pas grand-chose je sais pas on verra

J'ai acheté des œufs
Des bébés oiseaux ben frais du magasin
T'as-tu faim

Ti-Gars
J'veux recommencer à conduire

Pépére
Quoi

Ti-Gars
Tu veux te pogner une job moi je veux recommencer à conduire
La prochaine fois que tu vas au village
Dis-le-moi
J'veux conduire

Pépére
OK

Ti-Gars
En fait j'aimerais ça y aller bientôt

Pépére
Comment ça

Ti-Gars
Faut que je m'achète des nouveaux *snicks* pis de l'équipement pour m'entraîner

J'veux recommencer l'escalade

Pépére
Quoi

Ti-Gars
J'veux monter la falaise

Pépére
Non

Ti-Gars
Non

Pépére
C'est qui qui t'a mis ça dans la tête Ti-Gars

Ti-Gars
Personne

Pépére
Tu veux être invincible Ti-Gars

Ti-Gars
Je sais pas

Pépére
C'est qui qui t'a mis ça dans la tête Ti-Gars

Ti-Gars
Personne
J'ai toujours aimé ça faire de l'escalade Pépére on en faisait avec Papa

Pépére
Tu sais qu'y a juste trois choses dans la vie Ti-Gars hein

Ti-Gars
Quoi

Pépére
Dans la vie Ti-Gars
Y a les choses qu'on sait
Les choses qu'on sait pas

Ti-Gars
Pis la troisième entre les deux

Pépére
Non
La troisième c'est les choses qu'on croit Ti-Gars

Ti-Gars
OK

Pépére
J'suis peut-être vieux Ti-Gars
Mais j'suis pas cave

Ti-Gars
Pourquoi tu dis ça Pépére

Pépére
Fais-moi pas des accroires Ti-Gars
C'est toute

## XIII- La fille du lac

Ti-Gars
J'ai une bouteille

La fille du lac
Quoi

Ti-Gars
J'ai une bouteille pour ta liste
Pis la mienne

La fille du lac
T'as fait une liste des choses que tu veux oublier

Ti-Gars
Non
J'ai fait la liste des choses que je veux arrêter de pas faire

La fille du lac
La liste de quoi

TI-GARS
La liste des choses que je veux arrêter de pas faire

LA FILLE DU LAC
C'est donc ben compliqué ton affaire

TI-GARS
'Garde c'est juste qu'avant que mon père meure y a des choses que je faisais que j'ai arrêté de faire
Pis là j'veux recommencer
Fait que j'me suis dit que si je mettais ma liste avec la tienne ça me donnerait une raison de plus de recommencer à les faire pour de vrai

LA FILLE DU LAC
Tu vas monter la falaise c'est ça

TI-GARS
Comment tu sais

LA FILLE DU LAC
T'as des nouveaux *snicks*

'Garde c'est ben correct mais avant je veux juste que tu saches quelque chose à propos des croix

TI-GARS
Ma mère pis ma grand-mère

LA FILLE DU LAC
Non

TI-GARS
Non quoi

La fille du lac
C'est pas ça que j'ai entendu sur les croix moi

Ti-Gars
T'as entendu quoi

La fille du lac
Les croix y ont été dessinées là pour les gens qui ont essayé de se rendre en haut
Pis qui en sont jamais revenus

Ti-Gars
Quoi

Pépére
Ti-Gars
Ti-Gars à qui tu parles

Ti-Gars
À la fille du lac

Pépére
À qui

Ti-Gars
La fille du lac

Pépére
C'est ça son nom

Ti-Gars
Pas vraiment
Ben c'est comme ça que je l'appelle là

Pépére
La fille du lac
Ah ben
Enchanté
Moi c'est Pépére

Ti-Gars
Attends j'vais vous présenter

La fille du lac
Non

Ti-Gars
Comment ça non

La fille du lac
J'suis gênée

Pépére
Qu'est-ce qu'a dit Ti-Gars
Pépére entend pas ben ben

Ti-Gars
A préfère ne pas te rencontrer
Est gênée

Pépére
Ah
Ben c'est pas grave Ti-Gars
Je comprends ça
Je peux-tu te parler deux secondes

Ti-Gars
Ben là

La fille du lac
C'est correct vas-y j'vais t'attendre
Si y a pris la peine de venir te voir plutôt que de tirer dans les airs pour que tu reviennes ça doit être important

Pépére
Faut juste j'te montre quequ' chose ce sera pas long

Te le rends dans deux secondes la fille du lac

Ti-Gars
Pépére tu fais quoi est pas là

Pépére
Hein

Ti-Gars
Tu pointes pas dans la bonne direction

Pépére
Est où

Ti-Gars
Est là

Pépére
Scuse-moi Ti-Gars
T'sais avec mes yeux
Est là

Ti-Gars
Oui
Qu'est-ce qu'y a Pépére
*Pépére décharge son fusil sur La fille du lac, qui tombe. Ti-Gars se précipite sur Pépére.*

Ti-Gars
Pourquoi t'as fait ça

Pépére
Arrête ça
Arrête ça Ti-Gars
Arrête ça

Ti-Gars
Tu l'as tuée Pépére tu l'as tuée

Pépére
Ben non
Ben non Ti-Gars

Ti-Gars
Quoi

Pépére
Arrête ça fille
Je te crois pas
T'as pas besoin de faire semblant

Lève-toi
Lève-toi
LÈVE
*La fille du lac se lève.*

Ti-Gars
Quoi

La fille du lac
Tu m'as tuée

Ti-Gars
Non

La fille du lac
Qu'est-ce t'as fait

Pépére
Elle existe pas Ti-Gars
Je peux pas la tuer
A peut pas mourir
Est pas vraie

Ti-Gars
De quoi tu parles

Pépére
Elle saigne pas
Elle a pas mal
Elle existe pas Ti-Gars
Est pas là

La fille du lac
Écoute-moi écoute-moi
On va se parler

Ti-Gars
Non

Pépére
Ti-Gars

Ti-Gars
Touche-moi pas

Pépére
Va-t'en pas Ti-Gars
Ti-Gars reste icitte

La fille du lac
Écoute-moi j'vais toute t'expliquer

Ti-Gars
Non
Non explique-moi rien
Je veux pas savoir
Laissez-moi faire

Pépére
Ti-Gars
Ti-Gars qu'est-ce tu fais là
Ti-Gars reviens

## XIV- Les deux falaises

Ti-Gars
T'sais quand t'as mal
T'sais quand t'as vraiment mal
T'sais quand tu sais pu quoi faire
Quand ça fait trop longtemps
Quand t'es écœuré que ça dure
Quand ça dure quand même
Quand le monde essaye d'être gentil
Quand ça marche pas
Quand t'es pu capable d'endurer
Quand ça te déchire l'intérieur
Quand ça arrête pas
Quand

Pépére
Ti-Gars
Ti-Gars qu'est-ce tu fais
T'es où Ti-Gars

Ti-Gars
Laisse-moi

Pépére
Arrête de courir tu vas où

Tu veux monter la falaise c'est ça
Ça sert à rien Ti-Gars ça sert à rien j'te dis

Ti-Gars
T'as-tu déjà essayé

Pépére
Pourquoi tu veux faire ça

Ti-Gars
Laisse-moi faire

Pépére
Pourquoi tu m'as pas dit que tu la voyais elle

Ti-Gars
Ti-Gars réponds-moi

Ti-Gars
Ti-Gars descends t'es rendu trop haut là
Pépére a peur tu risques de tomber

Ti-Gars
Non
C'est trop tard
Faut j'me rende au boute

Pépére
Ti-Gars descends
T'es rendu plus haut que les croix de ta mère pis ta grand-mère
Descends de là

Ti-Gars
Non
J'suis rendu trop haut j'arrêterai pas

Pépére
Ti-Gars
Ti-Gars tu vas tomber

Ti-Gars
Non

La fille du lac
J'te tiens

Ti-Gars
Qu'est-ce tu fais là

La fille du lac
J'te sauve la vie

Ti-Gars
T'es pas censée être morte ou pas exister

La fille du lac
Je suis censée te sauver la vie
Lâche pas ma main

Ti-Gars
Je comprends pas

La fille du lac
T'as pas besoin

Pépére
Ti-Gars
Ti-Gars qu'est-ce tu fais tombe pas

La fille du lac
OK j'te monte t'es-tu prêt

Ti-Gars
J'suis rendu

La fille du lac
*Check* la vue sur le monde

Pépére
Ti-Gars j'te vois pu

Ti-Gars
*Check*
L'autre falaise
Est en train de repousser

Pépére
Ti-Gars
Ti-Gars t'es où
Ti-Gars les croix de ta mère pis de ta grand-mère ont disparu
Ti-Gars la falaise repousse

Ti-Gars le monde est en train de redescendre la falaise qui est revenue
Le monde revient au village
T'es où Ti-Gars j'te vois pu
Ti-Gars reviens

TI-GARS
Tu t'en vas

LA FILLE DU LAC
Je t'ai sauvé la vie
J'ai fait c'que j'avais à faire
J'peux partir

TI-GARS
Attends

LA FILLE DU LAC
Quoi

TI-GARS
Tiens
Ta liste

Qu'est-ce tu fais

LA FILLE DU LAC
J'ajoute quelque chose

TI-GARS
T'ajoutes quoi

La fille du lac
Te sauver la vie
Maintenant que c'est fait j'ai pu besoin de m'en souvenir

Ti-Gars
OK

La fille du lac
Donne-moi ta liste
J'me charge de la bouteille

Ti-Gars
Tu vas où

La fille du lac
Jamais ben loin

Ti-Gars
Attends attends

J'suis-tu invincible

La fille du lac
Je sais pas

## Table des matières

www.ingramcontent.com/pod-product-compliance
Ingram Content Group UK Ltd.
Pitfield, Milton Keynes, MK11 3LW, UK
UKHW022012260726
13994UKWH00006B/2429

9 782894 239636